Über die Autorin

Judith Drews hat Illustration in Hamburg studiert und arbeitet in dem von ihr gegründeten Atelier Flora als freie Illustratorin und Gestalterin für Verlage im In- und Ausland. Für ihre Illustrationen erhielt sie zahlreiche nationale und internationale Auszeichnungen. Sie hat bislang mehr als 50 Bücher veröffentlicht, und lebt mit ihrem Mann, ihren zwei Töchtern, einer Tigerin, die so tut, als wäre sie eine Stubenkatze, in einem Haus mit Garten und vielen Tieren in Berlin.

Danke an meine kleine Tochter Lucie, ohne deren
Wissensdurst dieses Buch vielleicht nie entstanden wäre.

ClimatePartner.com/13916-1911-1001

Dieses Buch wurde klimaneutral produziert. Wir unterstützen dafür das Waldschutzprojekt in April Salumei in Papua-Neuguinea, wo der, auch für das Klima so wichtige, Regenwald die Lebensgrundlage der indigenen Bevölkerung ist.

FSC
www.fsc.org

MIX
Aus verantwortungs-
vollen Quellen
FSC® C023577

Dieses Buch ist auf Papier gedruckt, für das nur Holz aus nachhaltiger Forstwirtschaft verwendet wurde.

Ein verlagsneues Buch kostet in ganz Deutschland und Österreich jeweils dasselbe.
Das liegt an der gesetzlichen Buchpreisbindung, die dafür sorgt, dass die kulturelle Vielfalt erhalten
und für die Leser bezahlbar bleibt. Also: Egal ob im Internet, in der Großbuchhandlung, beim lokalen Buchhändler,
im Dorf oder in der Stadt – überall bekommen Sie Ihre verlagsneuen Bücher zum selben Preis.

Gedruckt auf PERGRAPHICA® Classic Rough 150 g/m². Mit Liebe in Österreich produziert bei Mondi.

© 2020 Verlagshaus Jacoby & Stuart, Berlin
Idee, Konzeption & Gestaltung: Judith Drews
Alle Rechte vorbehalten
Druck und Bindung: Polygraf
Printed in Slovakia
ISBN 978-3-96428-067-1

JUDITH DREWS

DREWS TIERLEBEN

WISSEN ZUM LEICHT MERKEN
UND WEITERSAGEN

VERLAGSHAUS JACOBY & STUART

VORWORT

Ein Skorpion kann 100 Junge zur Welt bringen und transportiert sie auf seinem Rücken ... Heringe verständigen sich durch Pupsen. Weshalb schlucken Krokodile Steine? Und warum hatte der Stegosaurus Stacheln am Schwanz?

Es gibt mehr als acht Millionen Tierarten auf unserem Planeten, von denen neunzig Prozent im Meer leben. Es gibt allein über eine Million Insektenarten und mehr als 20 000 Fischarten. Über viele davon wissen wir viel, über andere aber noch herzlich wenig. Kein Tierbuch kann von allen diesen Tiere handeln, geschweige denn alles Wissenswerte über sie berichten. So kann auch dieses Buch mit seinen über 400 verschiedenen Tieren nur eine Auswahl zeigen und nur anreißen, was es an Wissenswertem über sie zu berichten gibt.

Was es aber kann, ist Neugierde wecken und zeigen, was die einzelnen Tiere so besonders macht. Mit dem Bild eines Tieres im Kopf und mit ein paar erstaunlichen Fakten dazu, kann sich die künftige Zoologin mit ihren Kollegen darüber austauschen und der künftige Naturforscher vor seinen kritischen Kolleginnen kundtun, was er weiß und was er gern noch herausbekommen möchte.

INHALT

TIERE
AM WASSER
UND
IM WASSER

Oktopus

Der Oktopus wird auch Krake genannt. Er hat drei Herzen und acht Arme. Ausgewachsene Tiere können sich durch Flaschenöffnungen zwängen.

Schwimmkäfer sind räuberisch und können sehr lange tauchen.

Der **Flamingo** wird rosa, wenn er rote Krebse frisst. Er ist sehr gesellig und steht gerne auf einem Bein.

Wasserschildkröten gibt es auf der ganzen Welt.

Der **Delfin** kann unter Wasser über 25 Kilometer weit hören. Seine äußerste Hautschicht erneuert sich alle zwei Stunden, und beim Schlafen schaltet er nur eine Gehirnhälfte ab.

Bei den **Seepferdchen** brüten die Männer die Eier in ihrer Bauchtasche aus.

Einige **Pinguine** können über 500 Meter tief tauchen. Pinguine gibt es nicht am Nordpol.

Manche **Libellen** können als einzige Insekten rückwärts fliegen. Libellen gelten als die schnellsten Insekten. Ihre Larven leben im Wasser und sind echte Räuber.

Das **Flusspferd** gehört zu den fünf größten Tieren Afrikas. Es kann unter der Haut eine Art Sonnenschutzcreme herstellen. Babys bekommt es meist unter Wasser.

Die **Scholle** ist ein Plattfisch. Sie liegt auf dem Meeresboden und hat beide Augen auf der Oberseite. Ihre Unterseite wird Blindseite genannt.

Der **Fischotter** hat Tasthaare an der Schnauze, mit denen er auch im trüben Wasser Fische aufspüren kann.

13

UNTER WASSER

Schildkröte

Qualle

Igelfisch

Aal

Aal

Seeschnecke

Seeigel

Muräne

Knurrhahn

Seegurke

Muschel

14

Scholle

Barsch

Seestern

Languste

Krebs

Seeanemone

Seeigel

Rochen

Der *Hai* verbraucht in seinem Leben etwa 20 000 Zähne. Er hat keine Knochen, sondern stattdessen Knorpel.

Der *Frosch* kann auch durch die Haut atmen.

Kaulquappen sind die Larven von Froschlurchen.

Der *Igelfisch* pumpt sich bei Gefahr mit Wasser voll, bis er kugelrund ist.

Das *Walross* hat bis zu einem Meter lange Stoßzähne. Am liebsten schlürft es Muscheln aus.

Einige *Seeigel* können 200 Jahre alt werden.

Forellen können seekrank werden. Ihr Gleichgewichtsorgan im Ohr gleicht dem von uns Menschen.

Alle englischen *Schwäne* gehören der Königin.

Der *Schwertwal* wird auch Orca genannt. Diese Tiere sind sehr sozial. Bei ihnen leben vier Generationen zusammen, und die Mutter-Kind-Bindung hält oft ein Leben lang.

Möwe

Die Möwe trinkt Salzwasser, das ihr Körper selbst entsalzt.

Das Salz wird über die Nasenlöcher ausgeschieden.

Menschen würden sterben, wenn sie nur Salzwasser tränken.

Die Milch des *Wasserbüffels* enthält doppelt soviel Fett wie Kuhmilch. Eine Büffelherde wird von den älteren Weibchen angeführt.

Der *Hummer* benutzt seine rechte Schere zum Jagen und zur Verteidigung, die linke zum Zerteilen seiner Beute. Er kann weit über 50 Jahre alt werden.

Quallen haben keine Augen und kein Gehirn.

Die *Robbe* schließt vor dem Tauchen ihre Nasenlöcher und ihre Ohren. Verwaiste Babys der Robbe heißen Heuler.

Kaurischnecken waren lange so etwas wie Geld. Die Menschen konnten für sie Dinge kaufen.

Der *Blutegel* hat 32 Gehirne.

Die *Seeanemone* gehört zu den Blumentieren. Auf ihrer Fußscheibe kann sie sich langsam fortbewegen.

Muscheln leben in allen Gewässern der Erde. Eine Perle kannst du aber nur in einer Perlmuschel finden. Eine Islandmuschel ist über 500 Jahre alt geworden.

Der *Hammerhai* hat ein Organ zum Erspüren der elektromagnetischen Felder seiner Beutetiere.

Der *Seestern* kann seine Arme nachwachsen lassen, hat aber kein Gehirn.

Fliegende Fische springen aus dem Wasser und segeln dann im Gleitflug über das Wasser.

Der *Einsiedlerkrebs* hat keinen Panzer und braucht deshalb zum Schutz ein Schneckenhaus. Wenn er wächst, muss er sich ein neues Haus suchen.

Die *Krabbe* kann sehr schnell seitlich laufen. Das wird Krebsgang genannt. Ihre Augen sitzen auf Stielen.

Der *Eisvogel* schillert bunt wie ein Edelstein. Er brütet in langen selbstgebauten Erdröhren an Steilufern.

Die *Stockente* ist ein Allesfresser. Ihre Küken können schon kurz nach dem Schlüpfen schwimmen und werden vom Weibchen alleine aufgezogen.

Reiher gibt es auf der ganzen Welt. Sie können stundenlang regungslos stehen.

Der *Clownsfisch* reinigt die Tentakeln der Seeanemone, in der er lebt. Die Seeanemone beschützt ihn dafür mit ihren Nesselzellen vor Feinden.

Der *Blauwal* hat ein Herz, das so groß ist wie ein Kleinwagen, und gehört zu den lautesten Tieren. Das Weibchen kann soviel wiegen wie 28 Elefanten.

Fischadler

Er hat nicht nur scharfe Krallen, sondern auch dornenartige Schuppen an den Fußunterseiten. Damit kann er besonders gut Fische fangen.

Pelikan

Der Pelikan füttert seine Jungen anfangs mit hochgewürgtem Fischbrei.

Schlammspringer sind Fische, die an Land gehen können. Sie haben hochstehende Augen, mit denen sie rundum gucken können.

Der *Wels* wird auch Waller genannt und ist ein Raubfisch, der nachts jagt. Mit seinen Bartfäden kann er tasten und schmecken.

Molche sind Schwanzlurche und leben an Land und im Wasser. Verletzte Körperteile wachsen bei ihnen nach – sogar innere Organe.

Rosa *Delfine* gibt es wirklich. Sie heißen Amazonasdelfine.

Der *Walhai* ist der größte Hai und auch der größte Fisch auf unserer Erde. Bei jedem Walhai bilden die Linien und Punkte auf seinem Rücken ein eigenes Muster. Seine etwa 360 Zähne sind sehr klein, aber dafür hat er das größte Trommelfell aller Tiere und kann bestimmt gut hören.

Das *Wasserschwein* gehört zu den Meerschweinchen und ist eines der größten Nagetiere der Welt.

Die *Koralle* wird auch Blumentier genannt. Es gibt weit mehr als 6000 verschiedene Arten von ihnen. Ihre Skelette sind beliebte Schmuckstücke.

Der *Riemenfisch* ist der weltgrößte Knochenfisch. Er kann über 15 Meter lang werden. Er lebt in der Tiefsee, und wenn er nicht genug zu essen findet, beißt er sich seinen eigenen Schwanz ab.

Bisamratten leben am Wasser und haben Schwimmhäute. Wenn ihre Zähne nach etwa drei Jahren heruntergekaut sind, sterben sie an Mangelernährung.

Der *Aal* ist einer der langsamsten Süßwasserfische. Er bewegt sich mit höchstens zehn Kilometern in der Stunde vorwärts.

Die *Mandarinente* ist eine besonders farbenprächtige Ente. Wie auch bei den Stockenten, hat nur das Männchen ein buntes Federkleid.

Der *Wattwurm* frisst im Watt Sand, filtert alle Nahrung darin heraus und kackt – sauberen Sand!

Der Feuerfisch gehört zu den giftigsten Fischen, aber für den Menschen ist das Gift nicht tödlich.

Feuerfisch

Petersfisch

Der schwarze Fleck an seiner Seite ist einer Legende nach der Fingerabdruck des Apostels Petrus.

Der *Blaufußtölpel* zeigt den Weibchen unaufhörlich seine Füße. Je blauer, desto besser! Die Eier werden mit den Füßen gewärmt und zu essen gibt es nur Fisch.

Die *Riesenmuschel* kann weit über einen Meter breit werden. Sie lebt in einer Lebensgemeinschaft mit Algen.

Der *Piranha* kann winzigste Mengen an Blut riechen. Er ist ein Schwarmfisch, dessen eigene Wundheilung extrem schnell verläuft.

Der *Hering* gehört zu den häufigsten Fischen der Erde. Er verständigt sich mit blubbernden Tönen, die durch Pupse entstehen.

Der *Fächerfisch* wird auch Segelfisch genannt. Er kann sein Segel ein- und ausklappen und gehört zu den schnellsten Fischen im Ozean.

Von *Austern* gibt es viele Arten. Die Speiseaustern bilden keine Perlen.

Rochen gibt es in allen Weltmeeren. Sie leben meistens auf dem Grund. Der Größte unter ihnen ist der Mantarochen. Er wird bis zu acht Meter lang.

Der *Sägefisch* ist ein Rochen. Seine Säge benutzt er zum Jagen, zum Buddeln und zum Aufspüren elektromagnetischer Felder.

Den *Nautilus* gibt es seit etwa 500 Millionen Jahren. Er ist wirklich ein Urtier.

Die *Muräne* jagt, indem sie sich auf die Lauer legt. Sie kann sehr gut riechen, aber nur schlecht sehen.

25

TIERE
UND IHRE
KINDER

Erdmännchen

BESCHÜTZEN

METAMORPHOSE

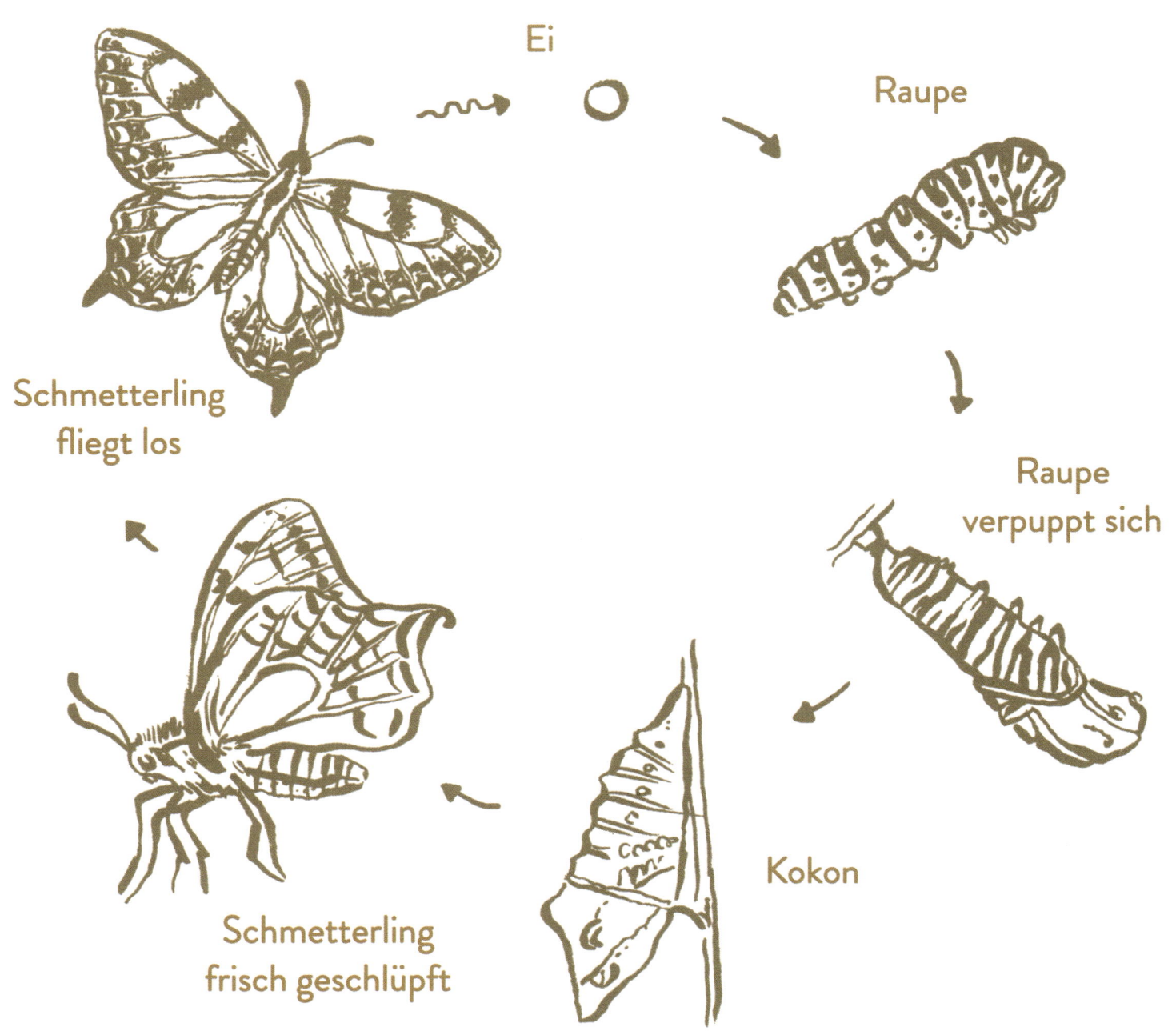

Ei

Raupe

Schmetterling fliegt los

Raupe verpuppt sich

Kokon

Schmetterling frisch geschlüpft

Metamorphose heißt Verwandlung. So schlüpft aus dem Ei eines Schmetterlings eine Raupe, die sich dick frisst, bis sie sich verpuppt. Und nach einer Weile bricht die Puppe auf, und heraus kommt der fertige Schmetterling. Viele Tierarten erleben solche Metamorphosen, nicht nur Insekten.

Reh

Das weibliche Reh heißt Ricke und ihr Junges Kitz.
Das Kitz hat ein Fell mit weißen Punkten.

Das *Känguru* gibt es nur in Australien. Das Baby ist bei der Geburt so groß wie ein Gummibärchen.

Die Küken des *Flamingos* schlüpfen weiß aus dem Ei, werden dann grau und später rosa. Die Nester sind aus Schlamm gebaut und sehen aus wie Burgen.

Ein kleines *Nashorn* wird zwei Jahre von der Mutter gesäugt. Mit sechs Jahren kann es schon selber Mama werden.

Das *Huhn* brütet genau 21 Tage. Bevor die Küken schlüpfen, verabreden sie sich durch Piepslaute von Ei zu Ei.

Der *Tapir* hat bei der Geburt Längsstreifen, die in Punkte übergehen. Erst mit einem Jahr sieht das Fell aus wie bei einem erwachsenen Tier. Dann wird das Kind von der Mutter weggeschickt. Tapire sind Einzelgänger.

Das *Schaf* beschnuppert sein Kind nach der Geburt ausgiebig. Es prägt sich den Geruch ein, denn an ihm erkennt es sein Junges.

Eselinnen sind meistens alleine mit ihren Fohlen unterwegs. Bei Gefahr bleiben sie erst einmal stehen und überprüfen die Lage, um nicht durch zu schnelle Flucht ihre Kinder in Gefahr zu bringen.

Die große **Seekuh** unterhält sich singend mir ihrem Baby. Beide bewegen sich schwebend im Wasser voran.

Der **Elefant** ist das schwerste Säugetier an Land. Der afrikanische Elefant hat viel größere Ohren als der asiatische Elefant. Sobald ein Elefantenbaby geboren wird, kommen Tanten und Geschwister, um es zu begrüßen.

Meerschweinchen verlieren schon im Mutterleib die ersten Zähne und kommen mit geöffneten Augen zur Welt.

Gorillas sind die größten Menschenaffen. Die Jungen trinken bis zum Alter von vier Jahren bei ihrer Mutter. Alte Männchen werden Silberrücken genannt.

Bei den **Seepferdchen** trägt der Papa die Eier aus und gebiert dann die Jungen.

Die **Kuh** gibt täglich etwa 15 Liter Milch, die eigentlich für ihr Kalb bestimmt ist. Sie gehört zu den Wiederkäuern. Das bedeutet: Sie schluckt die gekaute Nahrung einmal herunter, befördert sie dann wieder hinauf und kaut sie noch einmal.

Einige **Baumsteigerfrösche** tragen ihren Nachwuchs auf dem Rücken zu den Gewässern, wo sie sich dann weiterentwickeln können.

Das **Krokodil** transportiert seine Kinder auf dem Rücken – auch durchs Wasser.

Der **Goldhamster** kann bis zu 20 Junge bekommen.

Kuckuck

Der Kuckuck ist ein Brutschmarotzer. Er legt
seine Eier in fremde Nester und brütet nie selber.

33

GESCHWISTER

Häsin

Hasenkinder

Kükenembryo

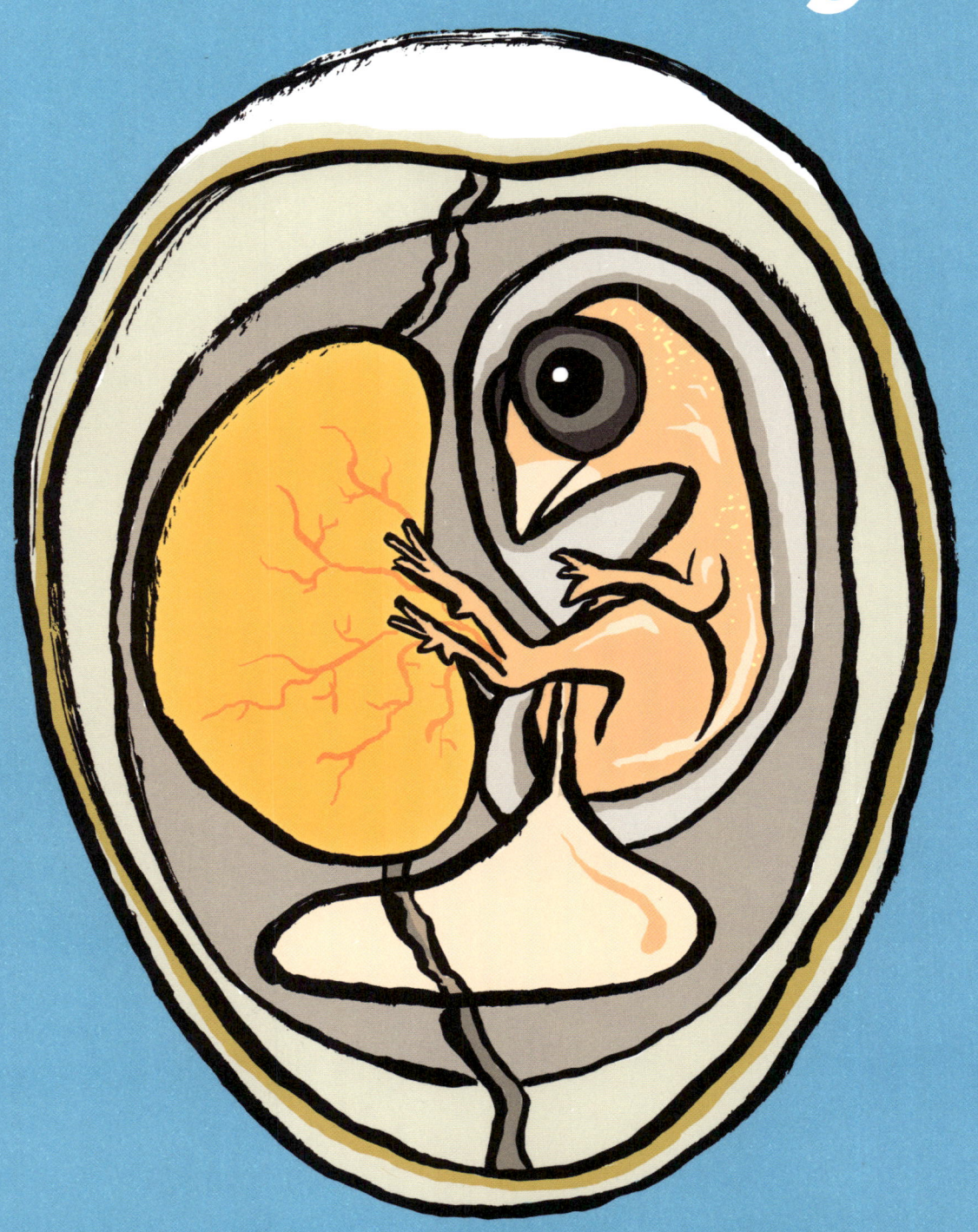

Nicht nur Vögel legen Eier. Auch Schildkröten, Schlangen, Frösche, Schnecken und Schnabeltiere gehören unter vielen anderen zu den eierlegenden Tieren.

EIER

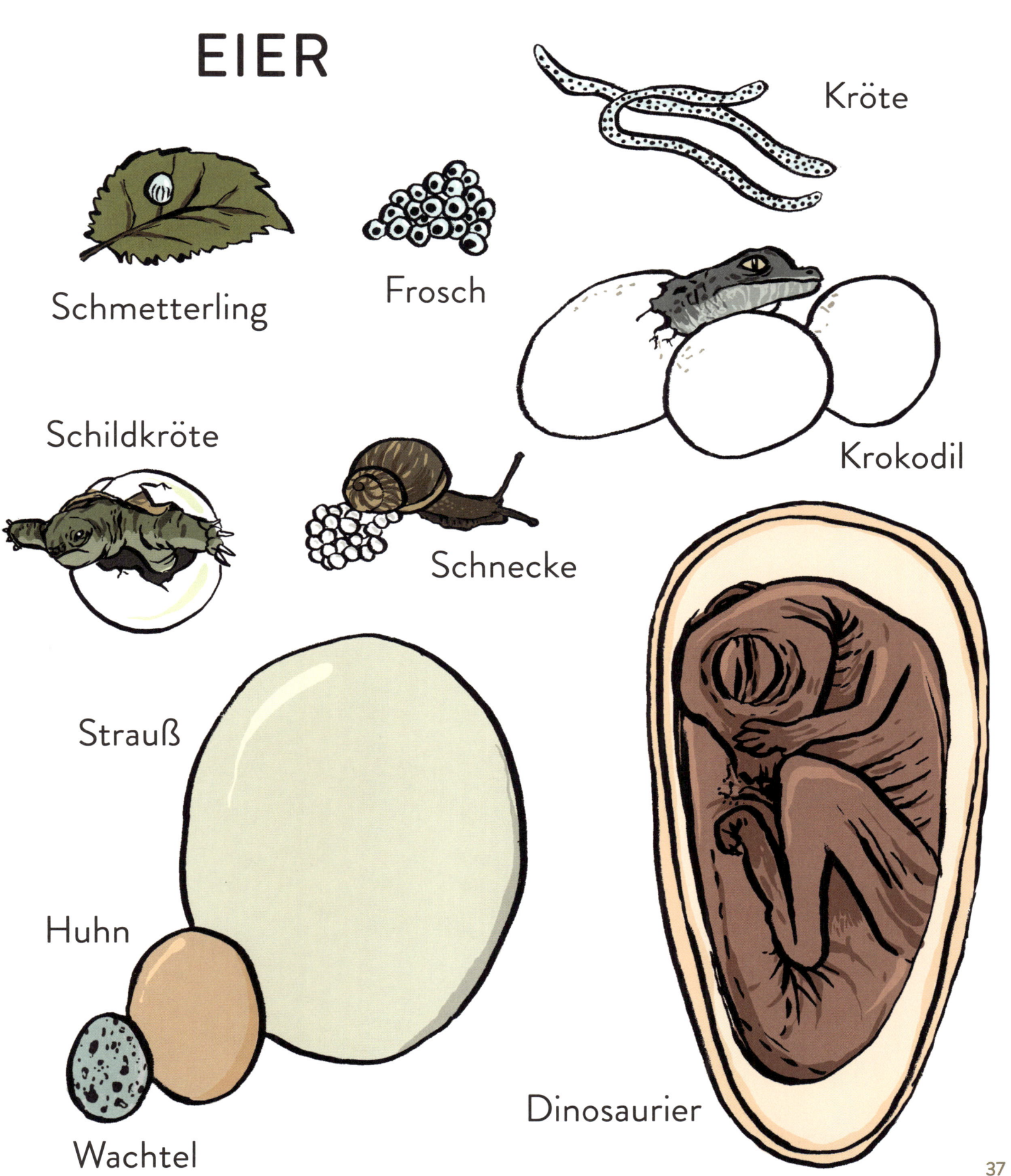

Kröte

Schmetterling

Frosch

Schildkröte

Krokodil

Schnecke

Strauß

Huhn

Dinosaurier

Wachtel

Bärin

Bärenkinder

AUFZIEHEN

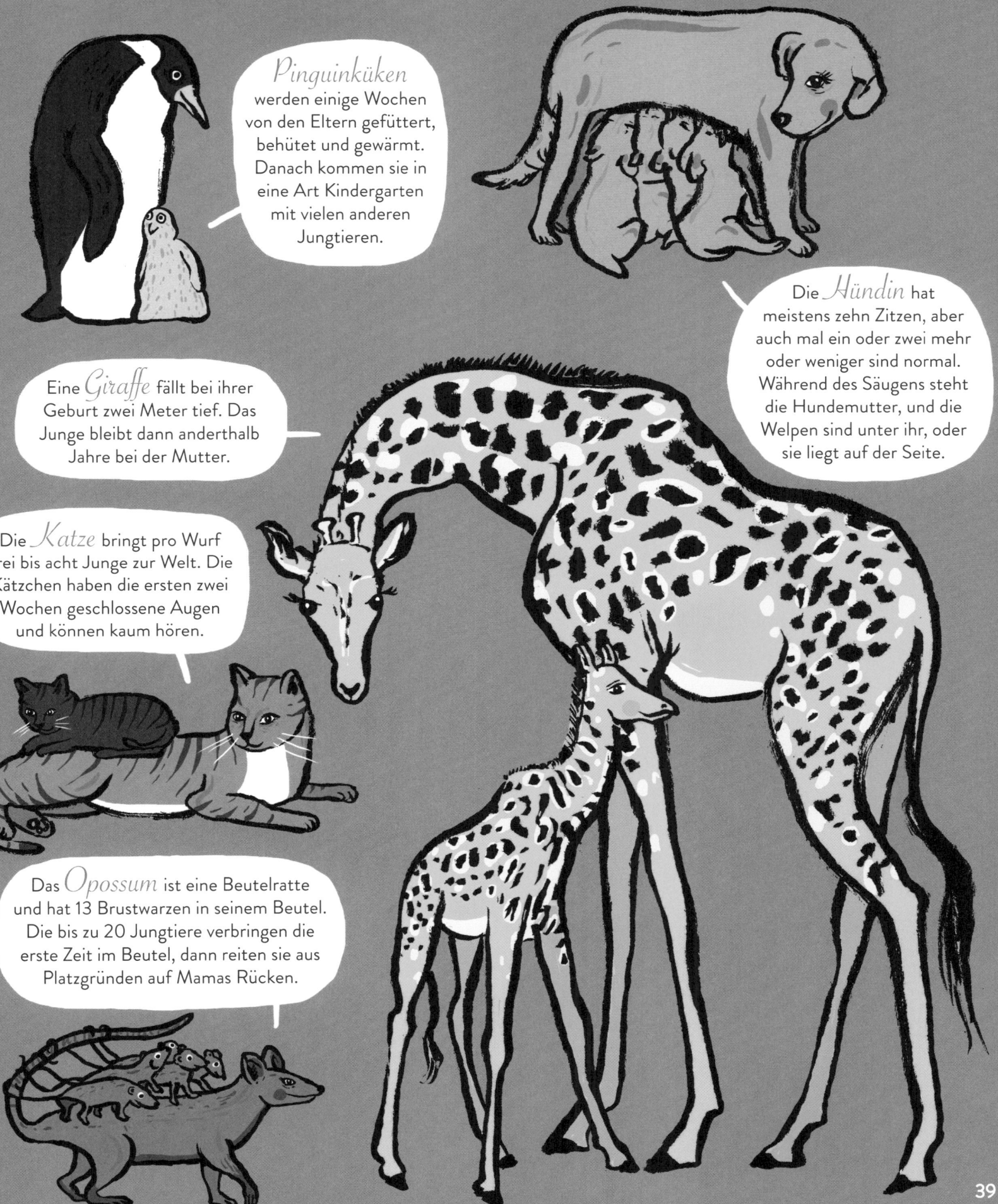

Pinguinküken werden einige Wochen von den Eltern gefüttert, behütet und gewärmt. Danach kommen sie in eine Art Kindergarten mit vielen anderen Jungtieren.

Die **Hündin** hat meistens zehn Zitzen, aber auch mal ein oder zwei mehr oder weniger sind normal. Während des Säugens steht die Hundemutter, und die Welpen sind unter ihr, oder sie liegt auf der Seite.

Eine **Giraffe** fällt bei ihrer Geburt zwei Meter tief. Das Junge bleibt dann anderthalb Jahre bei der Mutter.

Die **Katze** bringt pro Wurf drei bis acht Junge zur Welt. Die Kätzchen haben die ersten zwei Wochen geschlossene Augen und können kaum hören.

Das **Opossum** ist eine Beutelratte und hat 13 Brustwarzen in seinem Beutel. Die bis zu 20 Jungtiere verbringen die erste Zeit im Beutel, dann reiten sie aus Platzgründen auf Mamas Rücken.

FANTASIE TIERE

Der *Fenrir* oder Fenriswolf, das heißt Sumpfwolf, ist ein riesengroßer grauer Wolf und ein mächtiges böses Wesen.

Kappa bedeutet Kind des Flusses. Dieser japanische Wassergeist mag gerne Gurken und hasst Flaschenkürbisse.

Das *Gespenst* ist meistens durchsichtig und kann spuken. Es gehört zu den Geisterwesen. Es kann Menschen- oder Tiergestalt haben.

Das *Barometz* ist eine Art Lamm, das aus einem Kürbis schlüpft, mit dem es über die Nabelschnur verbunden bleibt.

Der *Bixi* ist eine chinesische Drachenschildkröte. Er ist als neunter Sohn des Drachenkönigs geboren und gilt als Glücksbringer.

Das *Quilin* wird als chinesisches Einhorn bezeichnet. Es ist Herr aller behaarten Tiere in China und gehört zu den vier Wundertieren.

Pegasus

Pegasus ist ein fliegendes Pferd mit goldenen Flügeln. Seine Mutter ist die Medusa, deren Haare Schlangen sind, und sein Vater der Meeresgott Poseidon.

Einhorn

Das Einhorn ist das edelste aller Fabeltiere und beschützt alles Leben des Waldes, in dem es wohnt. Wer nicht an Einhörner glaubt, der sieht bloß ein weißes Pferd.

Der *Basilisk* kann mit seinem Blick andere Lebewesen töten. Basilisk bedeutet Kleiner König.

Der *Zerberus* ist der dreiköpfige Höllenhund. Er bewacht das Tor zur Unterwelt. Kein Lebender darf hinein und kein Toter heraus.

Monster gibt es in allen Farben und Formen. Einige sind freundlich, andere sind bösartig. Sie haben viele oder wenige Augen, Fell oder auch keins und leben überall auf der Erde.

Der *Phönix* verbrennt im Feuer und steigt beim nächsten Sonnenaufgang aus seiner Asche wieder auf. Wer eine seiner Federn findet, wird unsterblich.

Der *Rußkobold* lässt sich nur blicken, wenn kein Mensch in der Nähe ist.

Das *Jackalope* ist ein Hase mit dem Geweih eines Gabelbocks.

Das *Ungeheuer von Loch Ness* wird liebvoll Nessie genannt. Loch Ness ist ein See in Schottland.

Der *Baku* ist in Japan und China sehr beliebt. Er kann die bösen Träume der Menschen verschlingen.

Die *Hydra* hat viele Köpfe. Schlägt man ihr einen Kopf ab, wachsen zwei neue Köpfe nach. Der mittlere Kopf ist golden und unsterblich.

Der *Lindwurm* gehört zu den feuerspuckenden Drachen und bewacht gern Schätze. Wer das Blut eines Lindwurms trinkt, kann die Sprache der Tiere verstehen.

Drache

48

Drache

KÄMPFEN

HAUSTIERE

Mensch

Esel

Gänse

Hund

Ein Hund, genauer: eine Hündin, war das erste Lebewesen, das von den Menschen mit einer Rakete in den Weltraum geschickt wurde. Sie hieß Laika.

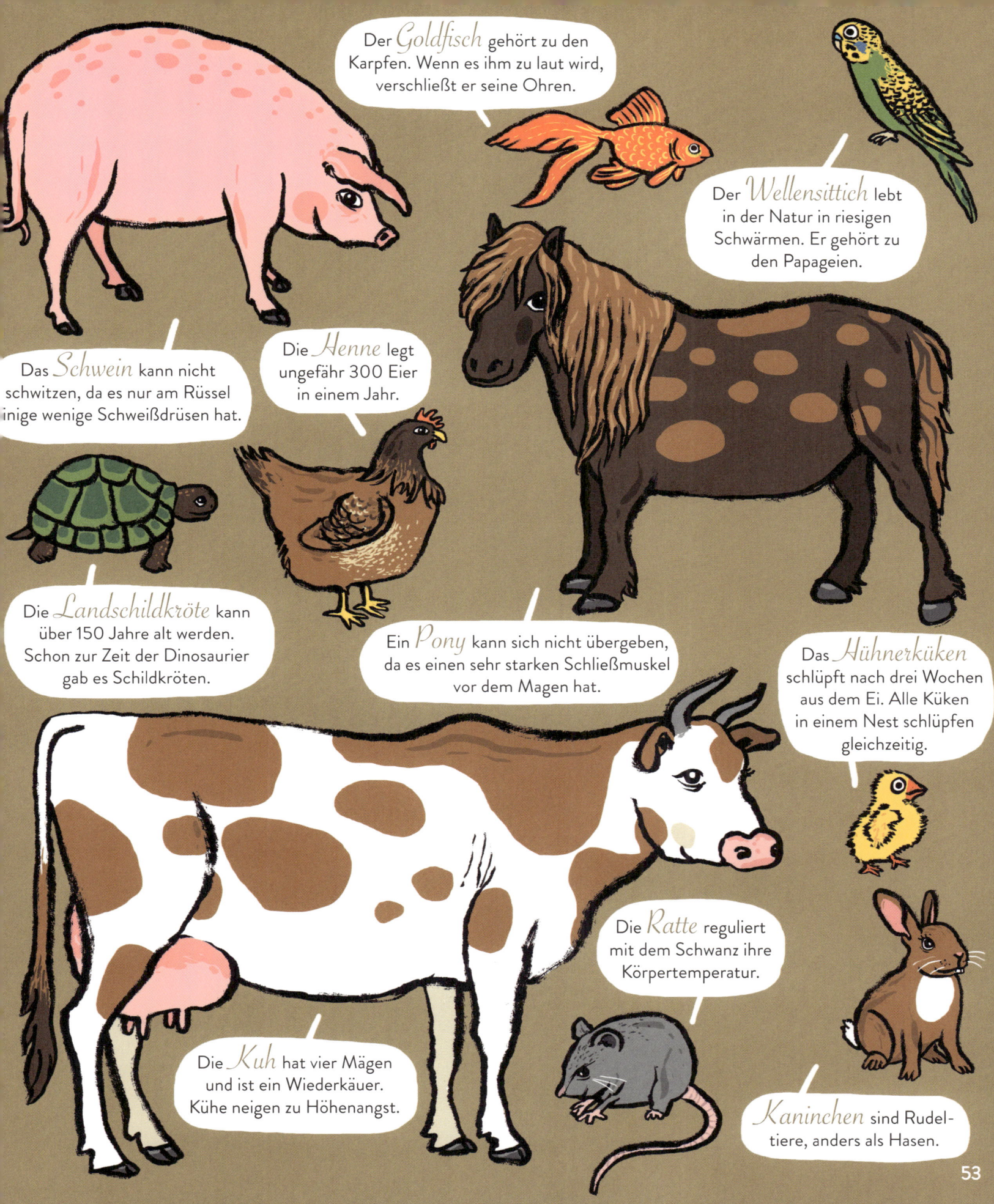

Der *Goldfisch* gehört zu den Karpfen. Wenn es ihm zu laut wird, verschließt er seine Ohren.

Der *Wellensittich* lebt in der Natur in riesigen Schwärmen. Er gehört zu den Papageien.

Das *Schwein* kann nicht schwitzen, da es nur am Rüssel inige wenige Schweißdrüsen hat.

Die *Henne* legt ungefähr 300 Eier in einem Jahr.

Die *Landschildkröte* kann über 150 Jahre alt werden. Schon zur Zeit der Dinosaurier gab es Schildkröten.

Ein *Pony* kann sich nicht übergeben, da es einen sehr starken Schließmuskel vor dem Magen hat.

Das *Hühnerküken* schlüpft nach drei Wochen aus dem Ei. Alle Küken in einem Nest schlüpfen gleichzeitig.

Die *Ratte* reguliert mit dem Schwanz ihre Körpertemperatur.

Die *Kuh* hat vier Mägen und ist ein Wiederkäuer. Kühe neigen zu Höhenangst.

Kaninchen sind Rudeltiere, anders als Hasen.

53

HUNDE

Schäferhund

Pudel

Spitz

Golden Retriever

Dackel

Boxer

Bernhardiner

Chihuahua

Rottweiler

Rhodesian Ridgeback

Mops

Dogge

Bienen haben zwei verschiedene Augenarten, können aber kein rot sehen. Weltweit gibt es etwa 30 000 Bienenarten.

Die **Wachtel** ist der kleinste Hühnervogel, und ihre Eier werden gerne gegessen. Im Winter zieht sie in den warmen Süden.

Das **Rotkehlchen** ist ein Kulturfolger, er ist dem Menschen nah und wird nicht selten sogar zahm.

Das **Maultier** wird auch Muli genannt. Seine Mutter ist ein Hauspferd und sein Vater ein Hausesel.

Die **Kakerlake** kann einige Tage ohne Kopf leben, da ihr Gehirn im Körper ist. Sie atmet durch kleine Öffnungen am Körper.

Der **Pfau** kann mit seinen schillernden Schwanzfedern ein Rad schlagen und wird gerne in Parks gehalten.

Das **Alpaka** ist ein naher Verwandter des Lamas und wird wegen seiner weichen Wolle gehalten. Es mag nicht am Kopf oder im Gesicht gestreichelt werden.

Der **Spatz** lebt gerne in der Stadt und ist sehr gesellig. Der Weltspatzentag ist der 20. März.

Der **Storch** ist ein Zugvogel, der den Winter in Afrika verbringt. Ein Storchenpaar bleibt ein ganzes Leben lang zusammen.

Gans

Bei Familie Gans schwimmt die Gans vor den Küken und der Ganter hinterher. Eine Gans kann ein guter „Wachhund" für Haus und Hof sein.

Araber

Friese

Appaloosa

Przewalski-Pferd

PFERDE

Holsteiner

Knabstrupper

Haflinger

Shetlandpony

Islandpferde

59

Das *Chinchilla* reißt sich bei Stress manchmal sein Fell büschelweise aus.

Der kastrierte *Esel* wird Macker genannt. Esel haben ein sehr gutes Gedächnis, sie können sich auch nach Jahren noch an andere Esel erinnern.

Der *Kanarienvogel* kommt von den Kanarischen Inseln und ist für seinen schönen Gesang bekannt.

Die *Katze* kann süß nicht schmecken.

Meerschweinchen haben Zähne, die das ganze Leben lang wachsen. Sind sie von etwas begeistert, „popcornen" sie. Das bedeutet, sie springen mit allen 4 Beinen gleichzeitig hoch.

Der *Strauß* ist der größte Vogel der Welt und der schnellste auf dem Land. Nur fliegen kann er nicht.

Der *Truthahn* ist bei uns als Pute bekannt. In Nordamerika nutzten die Indianer die Federn für Schmuck, Pfeile und Kleiderschmuck.

Der *Hamster* kann in seinen Backentaschen Futter sammeln. Er „hamstert".

Die *Vogelspinne* hat acht Beine und acht Augen. Sie baut keine Netze, sondern ist ein Lauerjäger.

Das *Schaf* ist ein Wiederkäuer und gehört weltweit zu den ältesten Haustieren der Menschen. Schafe und Ziegen haben keine oberen Schneide- und Eckzähne.

Die *Ziege* hat rechteckige Pupillen, damit sie einen besseren Überblick hat.

Der *Hahn* mit dem größten Kamm ist der Chef. Morgens bei Sonnenaufgang kräht er, um „seine" Hühner zu wecken.

Der *Leguan* sieht mit seinen Stacheln auf dem Rücken wie ein Drache aus. Er kann sehr gut schwimmen und sogar tauchen.

Das *Pferd* gehört zu den Säugetieren, die am wenigsten schlafen. Es kann im Stehen seine Kniegelenke einrasten lassen, schlafen tut es aber im Liegen.

Das *Frettchen* ist eines der ältesten Haustiere. Es hat eine Stinkdrüse, die es bei Gefahr einsetzt.

Mensch

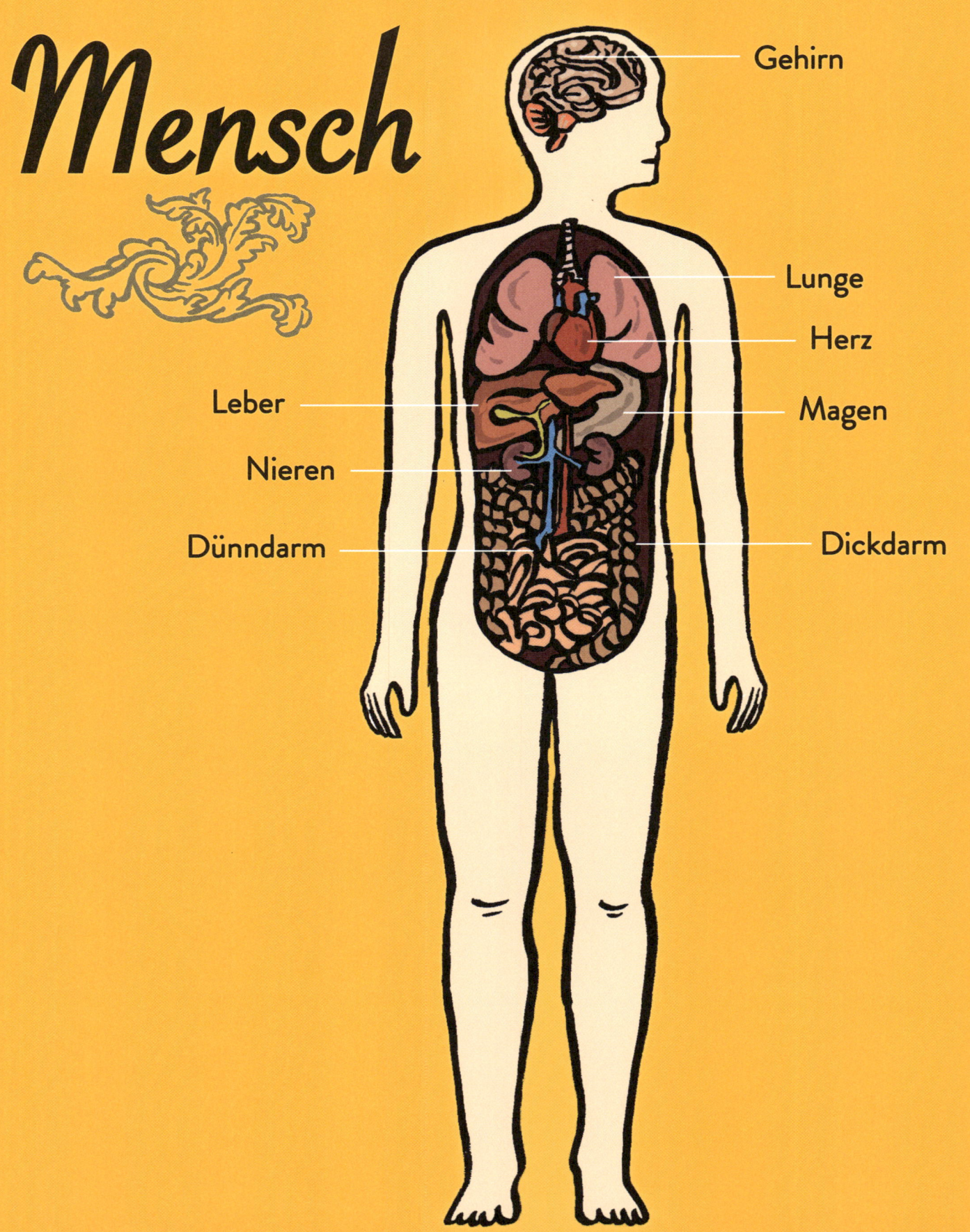

Gehirn

Lunge

Herz

Leber

Magen

Nieren

Dünndarm

Dickdarm

Homo sapiens ist lateinisch und bedeutet vernünftiger Mensch.

KATZEN

Britisch Kurzhaar

Perserkatze

Bengalkatze

Siamkatze

Main Coon

Europäisch
Kurzhaar

AUSGESTORBENE TIERE

Das *Quagga* war ein dem Zebra ähnliches Pferd, das von den Menschen im 19. Jahrhundert ausgerottet wurde.

Stegosaurier waren Pflanzenfresser und konnten neun Meter lang werden. Ihr Gehirn war nur walnussgroß und die Stacheln am Schwanz waren ihre Waffe.

Der pflanzenfressende *Diplodocus* ist eines der längsten Landtiere, die je gelebt haben. Er konnte knapp 30 Meter lang werden. Seinen Schwanz benutzte er als Peitsche gegen Angreifer.

Die *Flugsaurier* gingen, wenn sie nicht flogen, auf allen Vieren. Ihre Knochen waren ähnlich wie bei Vögeln hohl und dadurch leicht.

Die *Algerische Gazelle* wurde wegen ihres auffälligen roten Fells auch Rote Gazelle genannt. 1994 wurde sie für ausgestorben erklärt.

Triceratops bedeutet Dreihorngesicht, denn dieser Pflanzen fressende Dinosaurier hatte drei Hörner am Kopf. Wahrscheinlich lebte er in Herden.

Plesiosaurus

Maiasaurus

Maiasaurus bedeutet Gute-Mutter-Saurier.
Diese Dinosaurier haben gut auf ihre Eier und ihre Jungtiere aufgepasst.

Plesiosaurier – auch Paddelechsen genannt – sind Saurier,
die im Meer lebten. Sie legten keine Eier, sondern brachten
ihre Jungen lebend zu Welt.

Flugsaurier

Diplodocus

70

IN DER URZEIT

Tyrannosaurus

Raptor

Der *Parasaurolophus* war ein Pflanzenfresser. Mit seinem Schädelzapfen konnte er möglicherweise laute Töne von sich geben.

Östliche Hasenkängurus waren ohne Schwanz nur so groß wie ein Hase und lebten in Australien.

Die *Wandertaube* gehörte zu den häufigsten Vogelarten der Welt. Sie lebte in Amerika, wo die letzte von ihnen 1914 im Zoo starb.

Der *Riesenvampir* gehörte zu den Vampirfledermäusen. Er ernährte sich ausschließlich von dem Blut anderer Tiere.

Der Urvogel *Archaeopteryx* wa ungefähr so groß wie eine Taube. Wahrscheinlich konnte er fliegen.

Die letzten *Mammuts* gab es vor etwa 4000 Jahren. Sie gehörten zu d Elefanten. Im Polareis werden imme wieder Mammutkadaver gefunden.

Die *Säbelzahnkatzen* waren Raubtiere. Gegen Ende der Eiszeit sind sie ausgestorben. Warum das passierte, weiß niemand genau.

Dodos oder *Dronten* lebten auf der Insel Mauritius. Da sie nicht fliegen konnten, waren sie eine leichte Beute für die Menschen und die Tiere, die diese mitgebracht hatten.

Der *Riesenalk* konnte nicht fliegen, aber gut schwimmen. Er war so etwas wie der Pinguin des Nordens. Die letzten Riesenalke lebten auf einer Insel bei Island.

Der *Tasmanische Beutelwolf* trug seine Jungen wie ein Känguru im Beutel, in dem sich zwei Zitzen zum Säugen befanden.

Der *Spinosaurus* war vielleicht der größte unter den fleischfressenden Dinosauriern. Wahrscheinlich verspeiste er vor allem Fische und watete im flachen Wasser. Auf dem Land lief er vermutlich auf den Hinterbeinen. Auf dem Rücken hatte er lange Dornen.

73

STEGOSAURUS-SKELETT

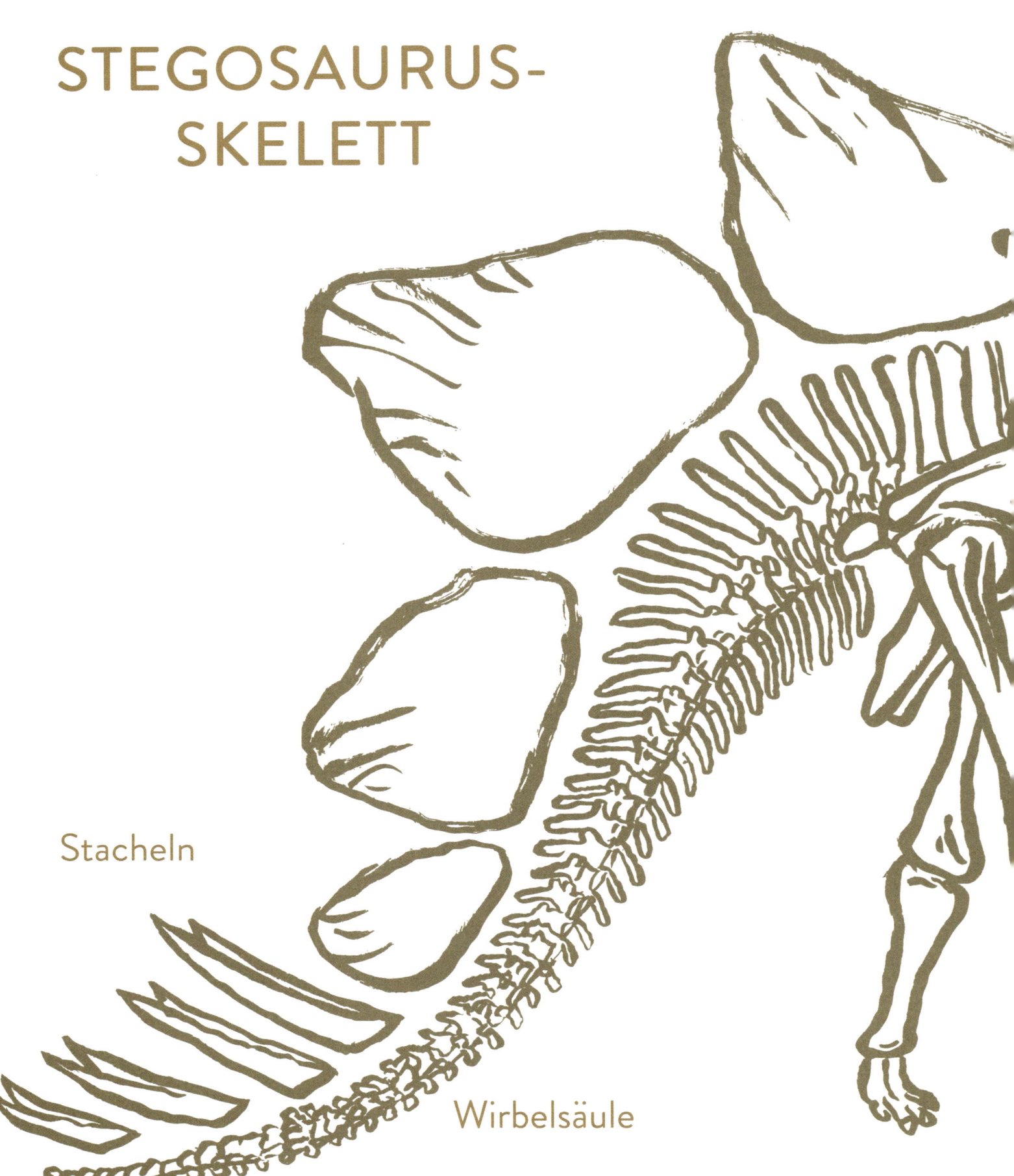

Stacheln

Wirbelsäule

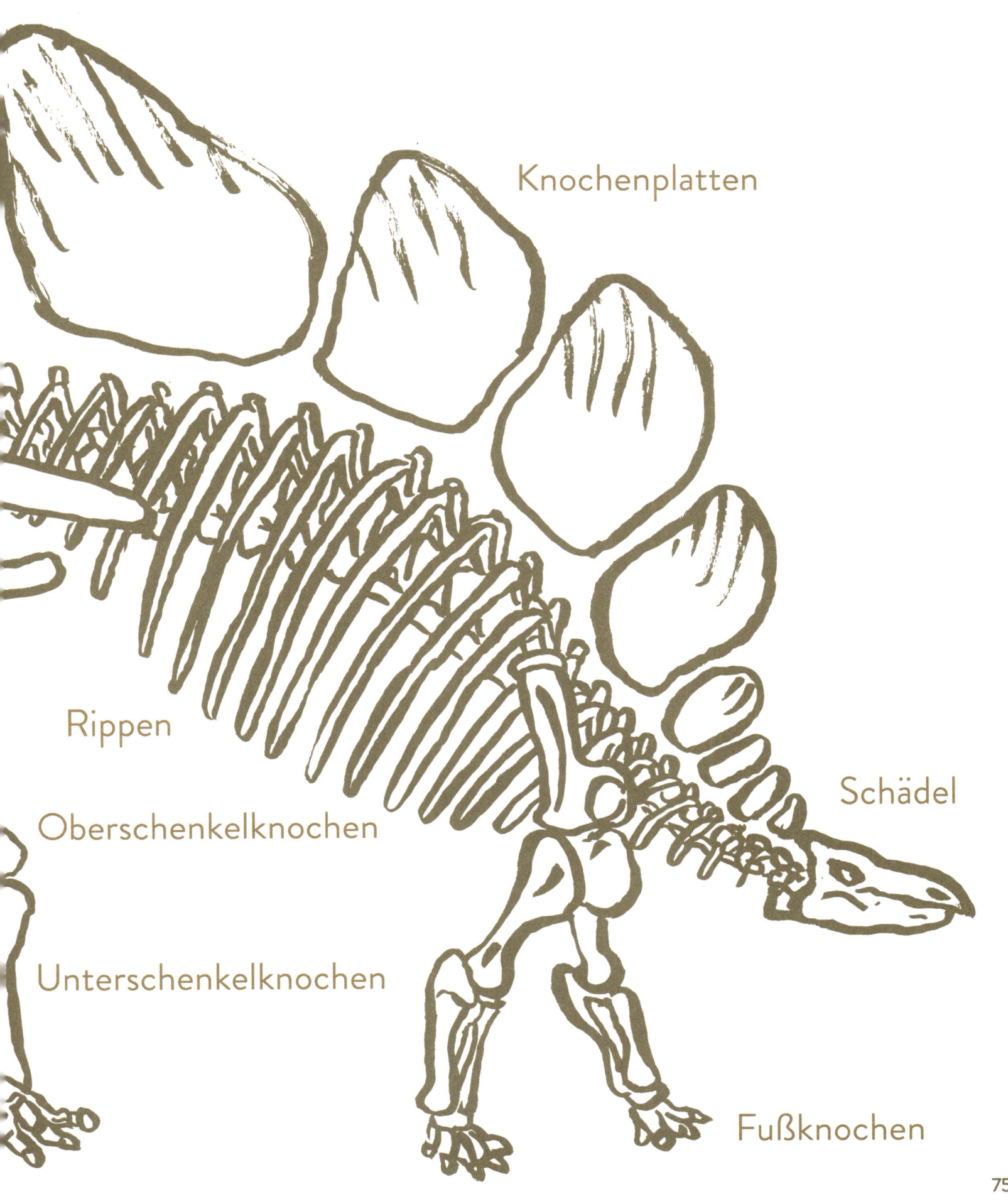

Knochenplatten

Rippen

Oberschenkelknochen

Unterschenkelknochen

Schädel

Fußknochen

75

Der *Ankylosaurus* konnte sich mit der verknöcherten Keule an seiner Schwanzspitze sogar gegen Tyrannosaurier wehren.

Weihnachtsinsel-Ratten lebten bis 1903 auf der Weihnachtsinsel.

Velociraptor bedeutet Schneller Räuber. Die Raptoren waren klein, schnell und griffen im Rudel auch größere Fleischfresser an.

Das *Protohydrochoerus* ist ein ausgestorbener Verwandter des Wasserschweins.

Der *Elefantenvogel* legte die größten Vogeleier, die bisher gefunden wurden.

Die *Goldkröte* aus Mittelamerika ist vielleicht der Erderwärmung zum Opfer gefallen.

Macrauchenia starb vor 10 000 bis 20 000 Jahren aus und ähnelte ein wenig dem heutigen Kamel. Es lebte in Südamerika.

T-Rex

Der Tyrannosaurus Rex war der „König der Echsen". Er gehörte zu den größten landlebenden Fleischfressern aller Zeiten. Seine Zähne waren so lang wie Bananen.

SELTSAME TIERE

Der *Ameisenigel* oder *Schnabeligel* ist neben dem Schnabeltier das einzige eierlegende Säugetier.

Elefantenrüsselmuscheln werden bis zu einem Meter lang und gelten als Delikatesse.

Die *Elster* mag glitzernde Dinge und bringt sie ins Nest. Leider stibitzt sie allerdings auch Singvögeln ihre Brut.

Greta Oro heißt dieser ganz durchsichtige Schmetterling.

Weißbauch-Fregattvögel brüten nur auf der Weihnachtsinsel. Das Männchen kann seinen roten Kehlsack aufblasen, um den Weibchen zu gefallen.

Der *Trauerschwan* ist schwarz und hat den längsten Hals aller Schwäne. Er kann laut trompeten.

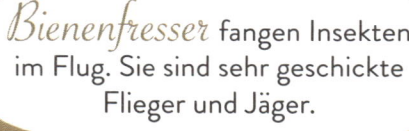

Bienenfresser fangen Insekten im Flug. Sie sind sehr geschickte Flieger und Jäger.

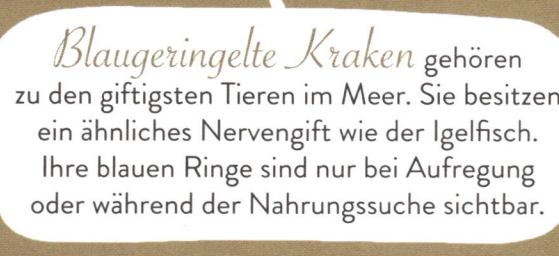

Albinotieren fehlen die Farbstoffe in Haut, Federn und Fell. Ihre Haut und ihre Augen sind sehr lichtempfindlich. Es gibt auch menschlichen Albinismus.

Blaugeringelte Kraken gehören zu den giftigsten Tieren im Meer. Sie besitzen ein ähnliches Nervengift wie der Igelfisch. Ihre blauen Ringe sind nur bei Aufregung oder während der Nahrungssuche sichtbar.

Der *Hirschkäfer* lebt acht Jahre als Larve, aber nur bis zu acht Wochen als Käfer. Das Geweih ist eigentlich sein Oberkiefer.

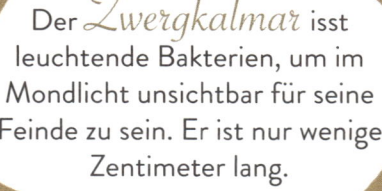

Der *Zwergkalmar* isst leuchtende Bakterien, um im Mondlicht unsichtbar für seine Feinde zu sein. Er ist nur wenige Zentimeter lang.

Das *Wandelnde Blatt* gehört zu den Gespensterschrecken. Es sieht aus wie ein Blatt und versucht, sich auch so zu bewegen.

Das *Erdferkel* ist nachtaktiv und isst am liebsten Ameisen und Termiten. Bei der Suche nach Nahrung schnüffelt es im Zickzack herum.

Der *Narwal* wird „Einhorn des Meeres" genannt. Sein Horn ist eigentlich ein riesiger Eckzahn.

Tintenfische wie dieser Kalmar haben einen harten Schnabel. Sie können Tinte ausstoßen, um sich vor Feinden unsichtbar zu machen.

Der *Hirscheber* ist das einzige Säugetier, bei dem sich die Zähne durch die Haut bohren.

Das *Gecko* kann mit seinen Haftfüßen kopfunter an der Decke laufen.

Die *Seegurke* ist kein Gemüse. Sie ist mit den Seepferdchen verwandt.

Der *Ameisenbär* hat keine Zähne. Seine Zunge ist klebrig und fast einen halben Meter lang.

Die giftige *Brillenschlange* gehört zu den Kobras. Ihr wissenschaftlicher Name ist Naja naja.

Der *Papageientaucher* hat Dornen in seinem Schnabel. So kann er viele Fische auf einmal fangen und im Schnabel festhalten.

Das *Faultier* bewegt sich sehr langsam. Es hängt meistens kopfüber in einem Baum. Sein Fell hat seinen Scheitel nicht wie bei den meisten Felltieren auf dem Rücken, sondern auf dem Bauch. Es kann sehr gut schwimmen, und in seinem Fell leben Schmetterlinge.

Die *Gottesanbeterin* hat ihren Namen von der Art, wie sie ihre Vorderbeine hält. Die erinnert ans Beten. Sie lauert gut getarnt kleineren Insekten auf.

Albatrosse zählen zu den größten Vögeln. Sie sind gute Flieger, haben aber stets Schwierigkeiten bei der Landung.

Der *Wasserläufer* nutzt die Oberflächenspannung des Wassers. Er kann wirklich über das Wasser laufen.

Der *Sternmull* ist ein Maulwurf. Er hat sternartige Hautwucherungen an der Schnauze, mit denen er Beutetiere auf ihre Essbarkeit untersucht.

Das *Fingertier* oder *Aye-Aye* ist eine Affenart aus Madagaskar. Es hat einen auffällig langen dünnen Mittelfinger.

Die *Seefledermaus* ist ein Fisch. Sie hat einen knallroten Mund mit heruntergezogenen Mundwinkeln und wirkt schlecht gelaunt. Sie krabbelt eher am Meeresboden als dass sie schwimmt.

Das *Gleithörnchen* hat eine Haut zwischen den Beinen, die es zum „fliegen" aufspannen kann.

Die *Zwergwespe* ist eines der kleinsten Insekten der Welt. Sie legt ihre Eier in die Eier anderer Insekten.

Nasenaffe

Die Männchen von Nasenaffen haben eine sehr große Nase, die sogar über den Mund hängen kann. Bei der Geburt haben Nasenaffen ein blaues Gesicht.

Chamäleons

TARNEN

Tiefseeangler haben keine Schuppen. Mit ihrer „Angel" und dem leuchtenden „Köder", vertreiben sie Feinde und locken sie ihre Partner an. Die viel kleineren Männchen beißen sich am Weibchen fest und verwachsen manchmal sogar mit ihm. Dabei verlieren sie sogar ihre Augen

Der **Beilfisch** lebt tief im Meer in der Dämmerzone. Er hat Leuchtorgane an der Bauchseite. Seine Feinde können ihn so von oben nicht sehen. Nachts steigt er in weniger tiefe Meereszonen auf, wo er mehr Nahrung findet.

Das **Bartmännchen** gehört zu den am tiefsten im Meer lebenden Fischen. Es kommt in Tiefen über 8000 Meter vor.

Der **Schwarze Schlinger** kann mit seinem extrem dehnbaren Maul und Magen Beutetiere verschlucken, die größer sind als er selbst. Seine Zähne klappt er dabei nach hinten um.

Die **Langnasenchimäre** gehört zu den Knorpelfischen und lebt in 600 – 2600 m Tiefe. Sie hat Sinnesorgane, mit deren Hilfe sie elektrische Felder von Beutetieren wahrnimmt.

Blindfische leben in dunklen Höhlen, wo Augen ihnen nichts nützen würden. Deshalb haben sie ihre Augen verloren. Dafür spüren sie aber die kleinste Bewegung in ihrer Nähe.

Pelikanaale leben in Tiefen bis zu 7500 Meter. Sie werden knapp einen Meter lang und haben ein Leuchtorgan an der Schwanzspitze, um Beute anzulocken.

Der **Viperfisch** gehört mit etwa 30 Zentimetern zu den größeren Tiefseefischen. Neben vielen anderen Leuchtorganen besitzt er welche unter den Augen, die ihm als Scheinwerfer dienen. Berührt man ihn, leuchtet der ganze Fisch auf.

Die **Seeratte** gehört zu den Kurznasenchimären. Sie hat grüne Augen und einen Giftstachel.

Töpfervogel

Wegen seines Nests, das an einen Backofen aus Lehm erinnert, wird der südamerikanische Töpfervogel auch el hornero (der Bäcker) genannt.

Schützenfisch

Dieser Fisch schießt mit einem Wasserstrahl Insekten von Uferpflanzen. So jagt kein Anderer.

Spiegelfleck-Lippfisch

Die Jugendfärbung dieses Fisches sieht aus, als hätte er große Augen auf seinem Körper. Auf englisch heißt er Clown Coris, weil er so lustig aussieht.

Der *Basilisk* wird auch Jesus-Christus-Echse genannt. Denn dank den Luftpolstern unter seinen Füßen kann auch er über das Wasser laufen.

Der *Kiwi* ist ein Laufvogel. Seine Nasenlöcher sitzen an der Schnabelspitze und sein Küken schlüpft aus einem Ei, das halb soviel wie die Mutter wiegt.

Das *Stinktier* kann ein gelbes öliges und sehr übel riechendes Sekret einige Meter weit spritzen. Gegen den Gestank hilft kein Waschmittel.

Der *Mondfisch* ist mit über 900 Kilogramm der schwerste Knochenfisch. Er sonnt sich gern an der Wasseroberfläche.

Der *Meerengel* oder *Engelhai* ist ein Hai, dessen Brustflossen aussehen wie Flügel.

Die *Löffler* erkennen sich untereinander an dem orangenen Muster auf ihrer Schnabelspitze.

Der *Nacktmull* hat seine Schneidezähne vor den Lippen. Er kann sie sogar einzeln bewegen. Kein anderes Nagetier wird so alt wie e

Die *Nacktkiemer* sind Nacktschnecken, die im Meer leben. Sie gehören zu den buntesten Tieren der Welt.

Das *Gürteltier* kann sich mit Luft aufpumpen und wie ein Ball auf dem Wasser schwimmen. Einige Arten rollen sich bei Gefahr wie Igel zu einer Kugel zusammen.

Das *Axolotl* ist ein nachtaktiver Schwanzlurch und lebt nur in Mexiko.

Der *Feuersalamander* hält sich Feinde vom Leib, indem er bei Gefahr Gift verspritzt.

Das *Chamäleon* kann seine Augen einzeln bewegen. Seine Zunge ist doppelt so lang wie sein Körper und sehr klebrig.

Die *Kragenechse* stellt ihren Kragen auf, um vor Feinden größer zu wirken. Sie kann auf ihren Hinterbeinen schnell wegrennnen.

Der *Fetzenfisch* ist eine Seenadel und mit dem Seepferdchen verwandt. Er ist zwischen Meerespflanzen perfekt getarnt.

Der *Blobfisch* hat kaum Muskeln und treibt am Tiefseeboden.

Das *Schnabeltier* ist neben dem Ameisenigel das einzige eierlegende Säugetier. Das Junge trinkt die Milch, die durch das Bauchfell der Mutter austritt.

Das *Schuppentier* wird wegen seines Aussehens auch Tannenzapfentier genannt.

Der *Koboldmaki* kann seine großen Augen kaum bewegen; dafür kann er seinen Kopf um fast 360 Grad drehen.

TIERE
IM WALD

Die *Wildkatze* hat besondere Halswirbel und kann deshalb weit rückwärts und nach oben gucken.

Der *Luchs* hat Haarpinsel an den Ohren, die die kleinste Berührung registrieren. Er ist die größte Wildkatze in Europa.

Der *Fasan* gehört zu den Hühnervögeln. Das Männchen ist auffällig bunt und das Weibchen schlicht braun.

Die *Waldmaus* lebt meist nicht länger als ein Jahr und ist stets in Gefahr, gefressen zu werden. Dafür bekommt sie aber bis zu 18 Kinder.

Der *Specht* hat eine lange Zunge mit Widerhaken, mit der er Insekten hinter der Baumrinde hervorholen kann, in die er Löcher klopft.

Das *Grauhörnchen* kommt aus Amerika, und es verdrängt in Europa vielerorts das einheimische rote Eichhörnchen. Deshalb ist es nicht überall beliebt.

Der *Mistkäfer* friss am allerliebsten den frischen Kot von Pflanzenfressern, wie etwa Pferden, Schafe und Hasen.

Wenn ein *Tausendfüßler* aus dem Ei schlüpft, hat er oft erst wenige Beinpaare, und nach jeder Häutung kommen Körperabschnitte und Beinpaare dazu. Aber über etwa 750 Füße ist noch kein Tausendfüßler gekommen.

Stechmücken sind für Menschen nicht nur lästig; sie können mit ihrem Stich auch schlimme Krankheiten übertragen.

Das *Wildschwein* läuft nicht nur im Wald herum; es kann auch viele Kilometer weit schwimmen. Seine Jungen werden Frischlinge genannt und sind gestreift.

Der nachtaktive *Waschbär* ist sehr geschickt mit seinen Händen. An der schwarzen Maske um seine Augen ist er gut zu erkennen.

Der *Grashüpfer* hat weißes Blut, wie die meisten Insekten.

Adler

Er ist das Tier mit der größten Sehschärfe.

Adleraugen können sogar wie eine Lupe vergrößern.

Nacktschnecke

Erdhummel

Totengräber

Dachs

Hasen

Regenwurm

Nacktmull

UNTER
DER ERDE

Weinbergschnecke

Maikäfer

Regenwurm

Fuchs

Engerling

Maulwurf

Mäuse

Regenwurm

95

Eichhörnchen

Es leckt die Eicheln an, bevor es sie vergräbt.
So kann es sie später leichter erschnüffeln.

Die *Eidechse* wirft bei Gefahr ihren Schwanz ab, um den Feind zu täuschen. Der Schwanz wächst aber nach.

Ein *Schmetterling* hat einen einrollbaren Rüssel, mit dem er den Nektar aus den Blumen trinken kann.

Das scheue *Reh* kann keine Farben sehen. Der weiße Fleck am seinem Po wird Spiegel genannt.

Die *Schnecken* an Land haben ihre Augen am Ende der langen Fühler. Diese werden Augenstiele genannt.

Ameisen leben in einem Staat mit einer Königin. Sie markieren mit Duftstoffen den Weg vom Bau zu einer Futterquelle – die Ameisenstraße.

Der *Auerhahn* isst am liebsten Blaubeeren. Der rote Fleck über dem Auge wird Rose genannt.

Glühwürmchen sind Käfer. Das Weibchen leuchtet zur Paarungszeit, um die Männchen anzulocken.

Der *Bär* kann im Winter ungefähr drei Monate bei gesenkter Körpertemperatur durchschlafen.

Der *Wolf* streckt den Kopf beim Heulen nach oben, damit es weithin zu hören ist.

97

Die *Zecke* lebt vom Blut anderer Tiere. Sie kann beim Blutsaugen Krankheiten übertragen sowie mehrere Tage unter Wasser überleben, und Minusgrade stören sie nicht.

Ein *Siebenschläfer* kann bei aureichender Fettreserve mehr als sieben Monate Winterschlaf halten.

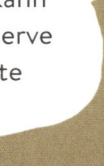

Der *Biber* kann Bäume fällen und Dämme bauen.

Die *Fliege* kann mit ihren Facettenaugen fast rundum gucken. Fliegen können wie Schmetterlinge mit den Füßen schmecken.

Raupen sind die Larven von Schmetterlingen und anderen Insekten. Sie haben 16 Beine und fressen fast ununterbrochen, bis sie sich verpuppen. Danach schlüpft endlich der fertige Schmetterling.

Der *Fuchs* ist von allen Fleischfressern am verbreitesten auf der Erde. Manchmal bewohnt er mit einem Dachs gemeinsam eine Erdhöhle.

Der *Eichelhäher* warnt mit seinem Ruf andere Tiere im Wald vor Gefahren. Er kann auch die Laute anderer Tiere nachahmen, etwa die von Katzen, Hunden oder Menschenbabys.

Der *Uhu* ist eine der größten Eulen weltweit. Er hat orangene Augen und abstehende Federohren. Er kann geräuschlos fliegen.

Die *Fledermaus* schläft hängend mit dem Kopf nach unten.

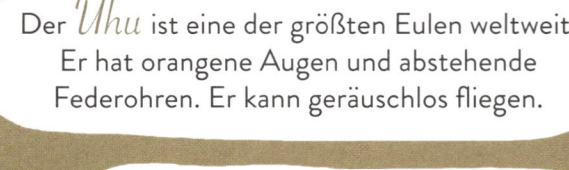

Der *Hase* kann schnell rennen. Jäger nennen seine Ohren Löffel und seinen Schwanz Blume.

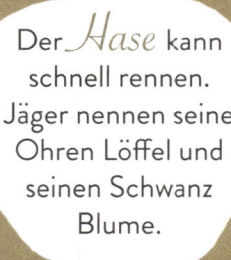

Die *Hohltaube* ähnelt der Stadttaube. Sie brütet aber nicht in Mauerlöchern, sondern in Baumhöhlen, wie sie Spechte oft hinterlassen.

Die *Kreuzspinne* webt große Radnetze, in denen sie Insekten fängt.

Der *Maulwurf* ist fast blind und lebt die meiste Zeit unter der Erde. Seine Lieblingsspeise sind Regenwürmer. Für sie baut er unterirdische Wurmfallen.

Der *Dachs* wohnt in einer Höhle und gehört zu den schnellsten Gräbern im Tierreich.

Die *Eule* muss ihren Kopf drehen, wenn sie um sich sehen will, denn ihre Augen sitzen unbeweglich in den Augenhöhlen.

Die *Kreuzotter* ist die einzige Schlange, die es auch oberhalb des nördlichen Polarkeises gibt.

Kröten bewegen sich kriechend fort. Die größte unter ihnen, die Aga-Kröte kann über 20 Zentimeter lang werden.

Die *Wespe* stellt aus ihrer Spucke und Holzraspeln ein papierähliches Baumaterial für ihr Nest her.

Der *Hirsch* ist das größte Wildtier in unseren Wäldern. In der Brunftzeit ist er manchmal sogar heiser vom vielen Röhren.

Der *Mäusebussard* wird auch Katzenadler genannt, da sein Ruf sich anhört wie das „Miau" einer Katze.

Der *Igel* kann sich bei Gefahr zu einer Stachelkugel zusammenrollen.

Marienkäfer gibt es in verschiedenen Farben und mit unterschiedlich vielen Punkten. Der „Glückskäfer" ist der Siebenpunkt-Marienkäfer. Bei Gefahr sondert er eine stinkende gelbe Flüssigkeit ab.

99

FEDERN

Buntspecht

Stockente

Eichelhäher

Taube

Turmfalke

Seeadler

Elch

Der Elch ist ein guter Schwimmer, er hat sogar Schwimmhäute zwischen den beiden Klauen seiner Hufe. Sein Geweih wird Schaufeln genannt.

Bremsen gehören zu den Fliegen. Nur die Weibchen einiger Arten saugen Blut. Ihr Stich tut weh, da sie beim Stechen eine offene Wunde reißen.

Der **Zitronenfalter** gehört zu den Schmetterlingen mit der längsten Lebensdauer. Er lebt immerhin neun bis elf Monate.

Marderhunde gehören wie Füchse und Wölfe zur Hundefamilie. Sie sehen aber aus wie Marder.

Das **Murmeltier** lebt in großen Familien unter der Erde. Es kommt nur selten aus seinem Bau heraus. Schwitzen kann es nicht gut, darum benötigt es Kühle. Und die hat es, hoch in den Bergen, wo es wohnt.

Blaumeisen legen Lavendel, Minze oder Schafgarbe in ihre Nester, um schädliche Bakterien fernzuhalten.

Rentiere sind die einzigen Hirsche, bei denen sowohl Männchen als auch Weibchen ein Geweih tragen. Beim Auftreten werden ihre Hufen breiter; so sinken sie nicht in den Schnee ein. Das ist wichtig, denn sie leben im hohen Norden.

Der **Maikäfer** lebt nur einige Wochen als Käfer, davor jedoch drei bis vier Jahre als Larve, Engerling, im Boden.

Der **Kojote** aus Nordamerika wird auch Steppenwolf oder Heulwolf genannt. Er kann sehr schnell rennen und ist ein geschickter Jäger.

Blindschleichen gehören zu den Echsen, haben aber ihre Beine verloren. Sie können wie Eidechsen bei Gefahr einen Teil ihres Schwanzes abwerfen.

Die **Ringelnatter** ist die in Mitteleuropa verbreitetste Schlangenart. Sie lebt gerne am Wasser Sie hat halbmondartige helle Flecken hinter dem Kopf.

Der *Totengräber* ist ein Käfer, der tote Tiere vergräbt. Er ernährt sich von ihnen und legt in sie seine Eier ab. Er kann die vergrabenen Tiere mit einem Körpersekret konservieren.

Das *Hermelin* ist ein Raubtier und gehört zu den Mardern. Im Winter ist sein Fell weiß, in der übrigen Zeit des Jahres ist es braun und am Bauch hell.

Bläulinge sind Schmetterlinge, die es auf der ganzen Welt gibt. Nur ihre Flügeloberseiten sind blau.

Bei dem *Nashornkäfer* hat nur das Männchen ein richtiges Horn. Orangene Haare am Bauch haben aber alle Nashornkäfer.

Der *Buchfink* wird auch Junggeselle genannt, da im Winter nur die Weibchen und die Jungtiere in den warmen Süden ziehen.

Kellerasseln, die zu den Krebstieren gehören, atmen mit Hilfe von Hohlräumen in den vorderen Beinen sowie mit Kiemen.

Wanzen sind Insekten, die gern von anderen Lebewesen leben, auch vom Blut der Menschen. Bei Gefahr oder zur Verständigung untereinander sondern sie stinkendes Sekret ab.

Der *Totenkopfschwärmer* ist ein Nachtfalter, also ein Schmetterling. Er kann bei Gefahr schrille Geräusche erzeugen.

Der *Regenwurm* kann nach Durchtrennung sein Hinterteil nachbilden. Es gibt weltweit etwa 3000 Arten von Regenwürmern.

Raben zählen zu den intelligentesten Tieren. Sie benutzen Tricks, um Nüsse zu öffnen, können viele Laute nachahmen und spielen gerne.

Die *Amsel* wird auch Schwarzdrossel genannt. Das Männchen ist schwarz mit orangenem Schnabel. Das Weibchen ist braungrau.

Die *Nacktschnecke* hat kein Haus und gehört zu den Weichtieren. Sie bewegt sich auf einer Schleimspur vorwärts.

Falken gibt es auf der ganzen Welt. Sie sind Raubvögel, haben sehr gute Augen und einen Hakenschnabel. Sie fangen ihre Beute im Sturzflug.

Die *Nachtigall* ist der einzige Vogel, der nachts singt. Sie kann über 200 verschiedene Töne und singt sehr laut.

WILD
LEBENDE
TIERE

Der *Komodowaran* ist die größte lebende Echse. Er hat eine gespaltene Zunge, mit der er sehr gut riechen kann.

Moschusochsen leben nur im hohen Norden und sind die Säugetiere mit dem dicksten Fell. Da sie keine Talgdrüsen besitzen, kann das Fell allerdings kein Wasser abhalten.

Der giftige *Skorpion* hat eine fluoreszierende Oberfläche, das bedeutet, er leuchtet, wenn Schwarzlicht auf ihn fällt! Er gehört zu den Spinnentieren und trägt seine 100 Jungen auf dem Rücken.

Die *Paradiesvögel* leben vor allem auf der Insel Neuguinea. Die Männchen haben sehr farbenfrohe wunderschöne Federkleider.

Bei *Hummeln* haben nur die weiblichen Tiere einen Stachel. Sie stechen aber nur sehr selten.

Der *Polarfuchs* hat im Sommer ein braunes und im Winter ein weißes Fell. So ist er zu jeder Jahreszeit gut getarnt.

Die *Totenkopfaffen* erkennen sich am Geruch. Sie reiben ihr Fell mit ihrem eigenen Pipi ein.

Panda

Der Panda ist ein Bär und lebt am liebsten alleine. Am liebsten isst er Bambus.
Er hat einen Knochenfortsatz, der wie ein sechster Finger aussieht und
mit dem er den Bambus gut halten kann.

Mandrill

Dieser große Affe hat Backentaschen wie ein Hamster
In diese Taschen steckt er die Nahrung, die er erst später essen möchte.

Das *Warzenschwein* lebt in Afrika. Es ist nicht nur das Schwein mit den längsten Beinen, sondern auch das mit den längsten Zähnen.

Anakondas gehören zu den größten und schwersten Schlangen der Welt. Sie töten ihre Beutetiere, indem sie sie umschlingen und erwürgen. Sie können ganze Wasserschweine hinunterschlucken.

Die *Giraffe* schläft nur zwei Stunden am Tag und kann sich mit ihrer langen blauen Zunge die Ohren sauber machen. Sie hat nur sieben Halswirbel, aber den längsten Hals im Tierreich.

Das *Murmeltier* kann schrill pfeifen. Während des siebenmonatigen Winterschlafs, wacht jeweils eine ganze Gruppe zusammen auf, um in einem Extra-Raum Pipi zu machen.

Tasmanische Teufel oder Beutelteufel leben auf der Insel Tasmanien, die zu Australien gehört. Sie sind die größten Raubtiere unter den Beuteltieren. Vor allem fressen sie Aas und werden deshalb auch „Staubsauger des Waldes" genannt.

Ein *Lama* ist eine Kamelart. Es kann bis zu drei Meter weit spucken. Es summt mit seinen Kindern und hilft kranken Menschen, Beziehungen aufzubauen.

Der *Koala* gehört zu den Beuteltieren und lebt in Australien. Er lebt meist auf Eukalyptusbäumen und frisst vor allem deren Blätter.

Erdmännchen leben in Afrika. Ihre großen Familien bewohnen Höhlen. Einige Tiere halten immer Wache und warnen die anderen bei Gefahr. Dabei stehen sie auf ihren Hinterbeinen und machen „Männchen".

Papageien gehören zu den intelligentesten Vögeln. Eine Besonderheit ist ihr gebogener Schnabel – ein perfektes Werkzeug und eine Kletterhilfe zugleich.

Der *Tiger* ist die größte Raubkatze der Welt. Nicht nur sein Fell ist gestreift, sondern auch die Haut darunter.

HALLO!

Die *Tarantel* gehört zu den räuberischen Wolfsspinnen. Sie hat vier Augenpaare. Ihre Jungen trägt sie auf ihrem Rücken.

Das *Nashorn* kann trotz seines Gewichts schnell rennen, dafür aber nur sehr schlecht gucken. Es ist ein reiner Pflanzenfresser.

Der *Geier* ist ein Raubvogel, der am liebsten Aas isst. Sein Kopf ist fast kahl, damit dort beim Essen nicht soviele Bakterien haften bleiben. Wenn der Geier sich aufregt, bekommt er einen roten Kopf.

Der *Leopard* kann fünf Mal besser hören als wir. Er schwimmt und klettert gerne. Ein schwarzer Leopard wird Panther genannt.

Die *Lemuren,* die es nur auf Madagaskar gibt, gehören zu den Feuchtnasenaffen. Feuchtnasenaffen können besonders gut riechen. Und so können sie auch Rivalen mit dem stinkenden Sekret aus besonderen Drüsen vertreiben, an denen sie ihren Schwanz reiben. Dann wedeln sie dem Gegner damit vor der Nase herum. Lemuren leben gesellig, und meistens sind die Weibchen die Anführer.

Der *Eisbär* ist ein Allesfresser und wird auch König der Arktis genannt. Unter seinem weißen Fell hat er schwarze Haut, denn damit speichert er Wärme. Es ist schwer zu sagen, wie ein Eisbär gerade gelaunt ist, denn sein Gesicht lässt das nicht erkennen.

Die *Stechmücken* wärmerer Gegenden werden oft Moskitos genannt. Es gab sie schon zur Zeit der Dinos. Sie übertragen tödliche Krankheiten wie Malaria und zählen deshalb zu den gefährlichsten Tieren weltweit.

Dem *Krokodil* wachsen im Laufe seines Lebens ungefähr 3000 Zähne, und es schluckt Steine, damit es besser tauchen kann. Wenn es böse wird, kann es fauchen. Es ist das größte lebende Reptil.

IN AFRIKA

Paradiesvögel

Paradiesvög

Paradiesvög

Giraffe

Strauß

Gnu

Gazelle

Sekretär

Leopard

Löwen

Hyäne

Brillenschlange

Flusspferd

Gibbon

Okapi

Zebra

Elefant

Nashorn

Pelikan

Flamingo

Krokodil

Der *Panther* ist ein Jaguar oder Leopard mit veränderter Fellfärbung. Er wird auch Schwärzling genannt.

Der *Löwe* gilt als König der Tiere. Löwen sind die einzigen Großkatzen, die im Rudel leben. Männliche Löwen verschlafen zwei Drittel ihres Lebens.

Die *Hyäne* kann mit ihren starken Kiefern Knochen brechen. Ihre Kinder kommen bereits mit Zähnen zur Welt.

Kolibris können rückwärts fliegen, aber nicht laufen. Der Elfenkolibri gilt als der kleinste Vogel der Welt.

Wenn *Zebras* sich dicht zusammenstellen, werden sie nicht so schnell von Löwen angegriffen. An ihrem Streifenmuster können sich die Tiere untereinander erkennen.

Der *Goliathkäfer* ist der größte Käfer der Welt.

Der *Gepard* ist das schnellste Landtier. Er kann nicht brüllen. Das hat er mit Kleinkatzen gemeinsam.

Kamel

Das Kamel mit zwei Höckern heißt Trampeltier. Es trinkt in einer Viertelstunde an die 200 Liter und kann danach einige Wochen ohne Wasser auskommen.

Als *Geier* werden Vogelarten bezeichnet, die gar nicht alle nahe verwandt sind, die sich aber wegen ihrer Lebensweise als Aasfresser sehr ähnlich geworden sind.

Der *Pavian* lebt in einer großen Familie. Die Tiere helfen sich untereinander beim Kümmern um die Kinder. Ihr roter Po ist sehr auffällig.

Schneeeulen leben nur auf der Nordhalbkugel. Ihr Lieblingsessen sind Lemminge.

Die *Weta Grillen* gehören zu den schwersten Insekten der Erde.

Der *Morphofalter* ist eigentlich gar nicht blau. Er erscheint uns nur so, weil winzige Rillen zwischen den Schuppen auf seinen Flügeln dafür sorgen, dass nur das blaue Licht reflektiert wird.

Der *Königspython*, eine Riesenschlange, wird auch Ballpython genannt, da er sich bei Gefahr zu einer Kugel zusammenrollt.

Antilopen sind Wiederkäuer mit langen Hörnern. Sie sind eine Lieblingsspeise der Löwen in Afrika.

Die *Tsetsefliege* ist eine blutsaugende Fliegenart aus Afrika. Sie überträgt die Schlafkrankheit.

Tukane sind die Vögel mit dem auffälligsten Schnabel: wegen seiner Größe und seiner bunten Zeichnung.

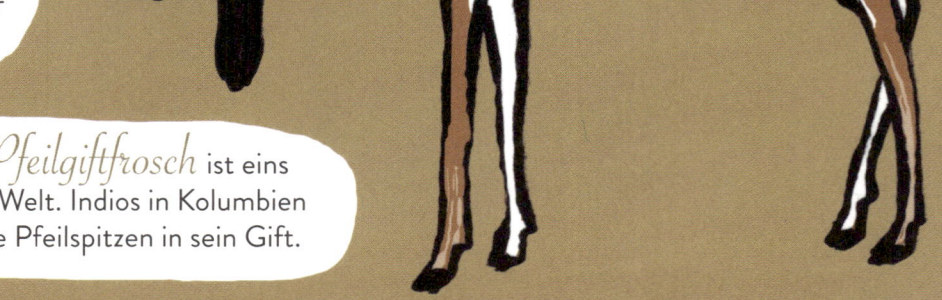

Der *Schreckliche Pfeilgiftfrosch* ist eins der giftigsten Tiere der Welt. Indios in Kolumbien tauchen zum Jagen ihre Pfeilspitzen in sein Gift.

EXKREMENTE

Elefant

Schlange

Zebra

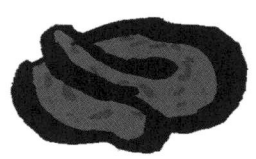

Mensch

Wombat

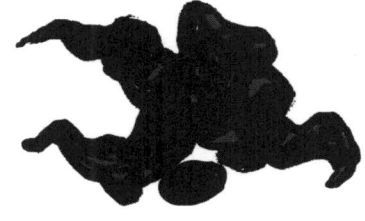

Löwe

Schimpanse

Schimpansen sind unsere nächsten Verwandten. 99 Prozent ihrer Gene stimmen mit unseren überein. Zum Schlafen bauen sich Schimpansen Blattnester in Bäumen.

Das Herz eines *Dromedars* ist groß und kräftig. Nachts sinkt seine Körpertemperatur stark ab, damit es am heißen Tag nicht so schnell schwitzt.

Die *Harpyie* gehört zu den größten und stärksten Greifvögeln. Sie jagt sogar kleine Affen und Bären.

Die *Boa constrictor* ist eine Würgeschlange. Sie lebt in Südamerika. Ihre Jungen bringt sie lebend zur Welt.

Termiten sind Insekten, nahe Verwandte der Küchenschaben oder Kakerlaken. Für ihren großen Staat bauen sie kunstvolle Hügel, die mehrere Meter hoch werden können.

Marabus sind eine Storchenart aus Afrika. Sie fressen Aas und sonstige Abfälle und sind deshalb gern gesehen. Ihre feinen Federn werden von der Polizei zum Auftragen des Pulvers bei der Spurensicherung benutzt.

Der *Bison* wird auch amerikanischer Büffel genannt. Obwohl er mehrere Tonnen wiegen kann, kann er sehr schnell laufen und auch schwimmen.

Der *Kakadu* gehört zu den größten Papageien. Er kann gut klettern, da bei seinem Fuß zwei Zehen nach vorne und zwei nach hinten zeigen.

Manche *Krötenechsen* können bei Gefahr aus ihren Augen Blut spritzen.

Der *Mufflon* ist das kleinste Wildschaf. Er ist nachtaktiv. Das Männchen, der Widder, hat große Hörner.

Der *Wüstenfuchs* wird auch Fennek genannt. Mit den großen Ohren reguliert er seine Körpertemperatur.

Das *Okapi* ist eng mit den Giraffen verwandt und kann sich wie diese mit seiner langen Zunge die Ohren putzen.

Gnus sind mit Hörnern ausgestattete Huftiere und ebenso mit Rindern wie mit Antilopen verwandt. Männchen und Weibchen sind bei ihnen kaum zu unterscheiden. In ihrer afrikanischen Heimat wandern sie in großen Massen immer dahin, wo es frisches Gras gibt.

Hornissen sind eine große räuberische Wespenart. Sie fressen zum Beispiel Bremsen, kleinere Wespen und Stubenfliegen.

Das *Stachelschwein* ist kein Schwein, sondern ein Nagetier. Mit seinen langen Stacheln kann es sich sogar gegen Löwen wehren.

Beo bedeutet auf Indonesisch Plappermaul, denn dieser Vogel kann Geräusche und auch die menschliche Stimme sehr gut nachahmen.

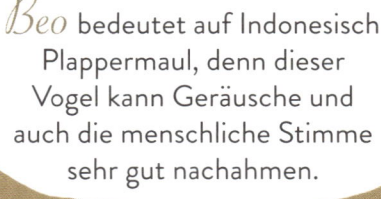

Der *Floh* gehört zu den besten Springern. Er hat dabei die größte Beschleunigung aller Tiere.

Leopard

Gnu

BEUTE

Leoparden fressen am liebsten auf Bäumen,
da sie dort nicht von Hyänen gestört werden.

TIERREGISTER

kursiv gesetzte Namen kennzeichnen Fantasiewesen